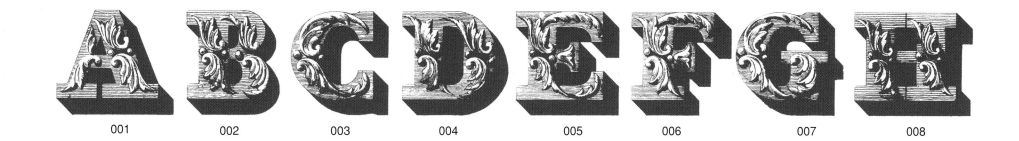

001   002   003   004   005   006   007   008

009   010   011   012   013   014   015   016

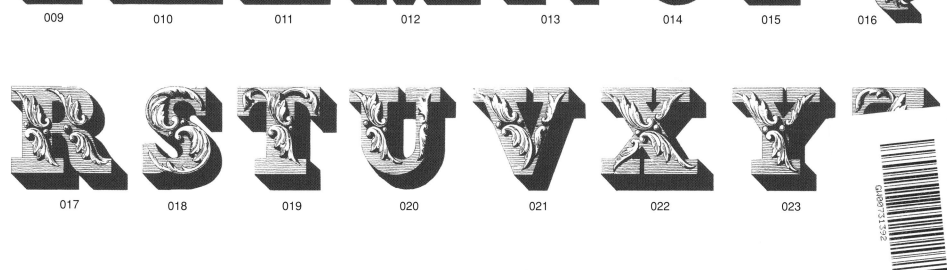

017   018   019   020   021   022   023

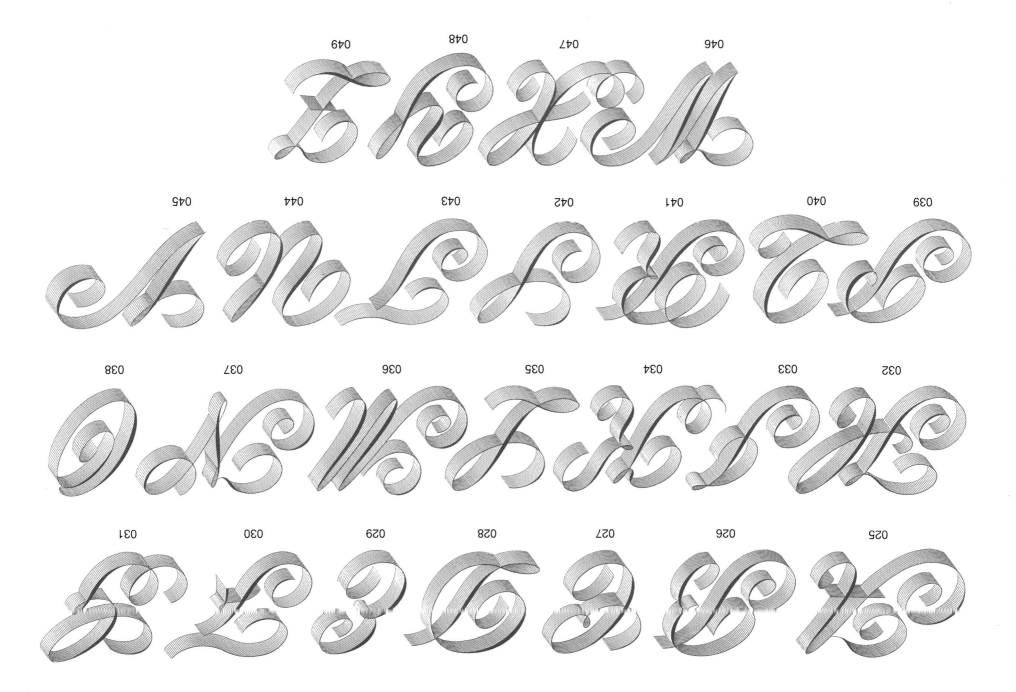

050 051 052 053 054 055

056 057 058 059 060 061

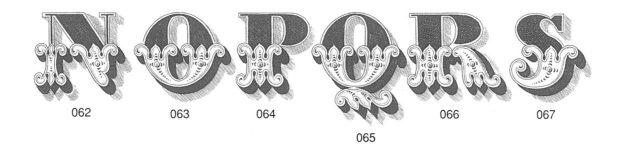

062 063 064   066 067

065

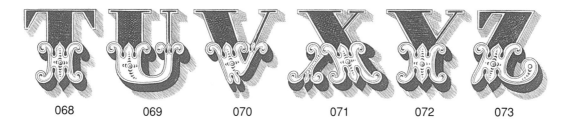

068 069 070 071 072 073

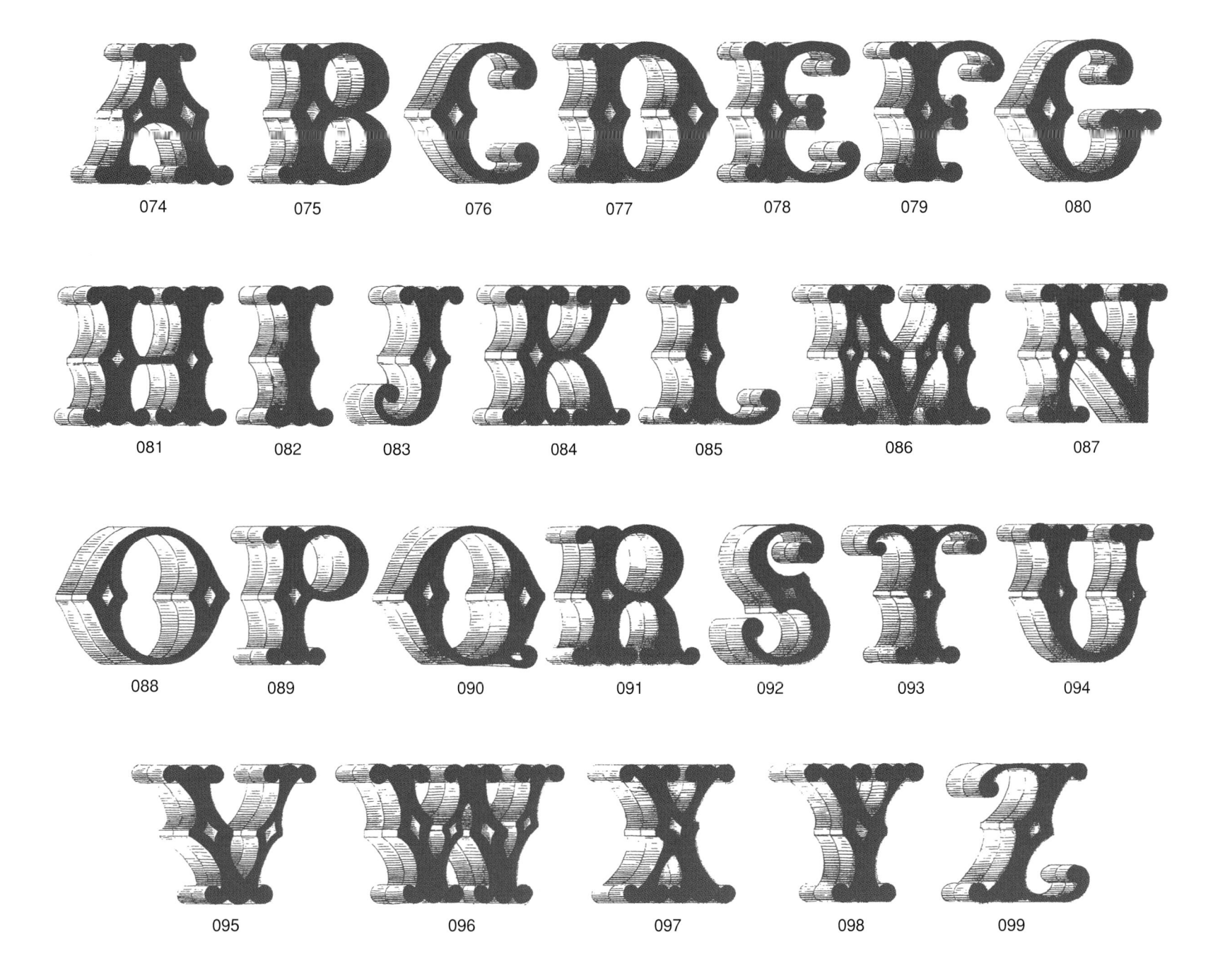

A	B	C	D	E	F	G
074	075	076	077	078	079	080
H	I	J	K	L	M	N
081	082	083	084	085	086	087
O	P	Q	R	S	T	U
088	089	090	091	092	093	094
V	W	X	Y	Z		
095	096	097	098	099		

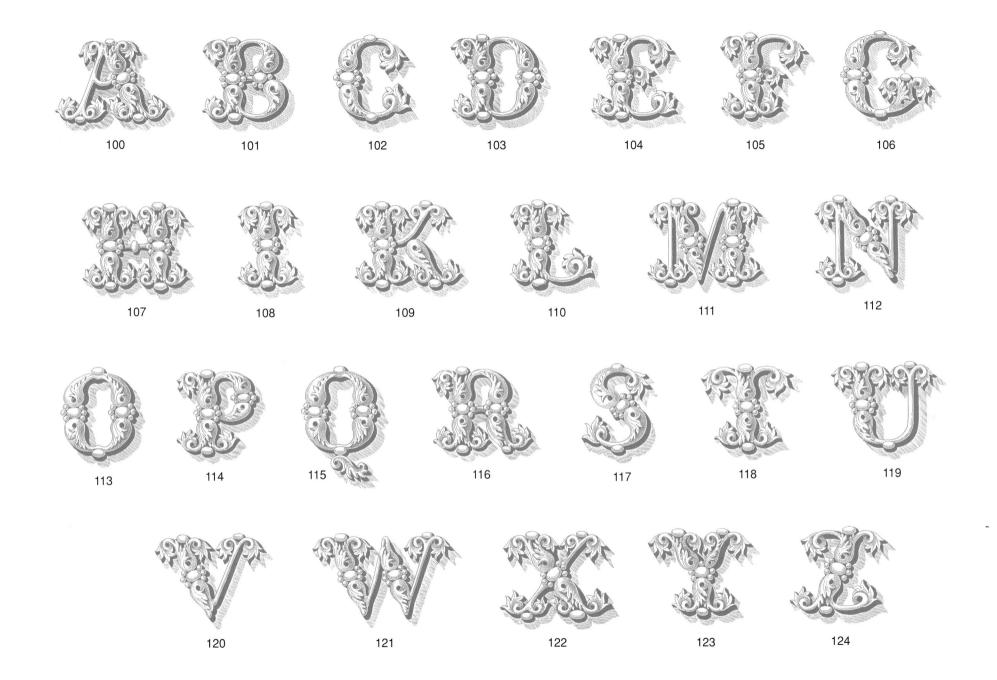

A B C D E

125 126 127 128 129

F G H I K L M

130 131 132 133 134 135 136

N O P Q R S T

137 138 139 140 141 142 143

U V X Y Z

144 145 146 147 148

149   150

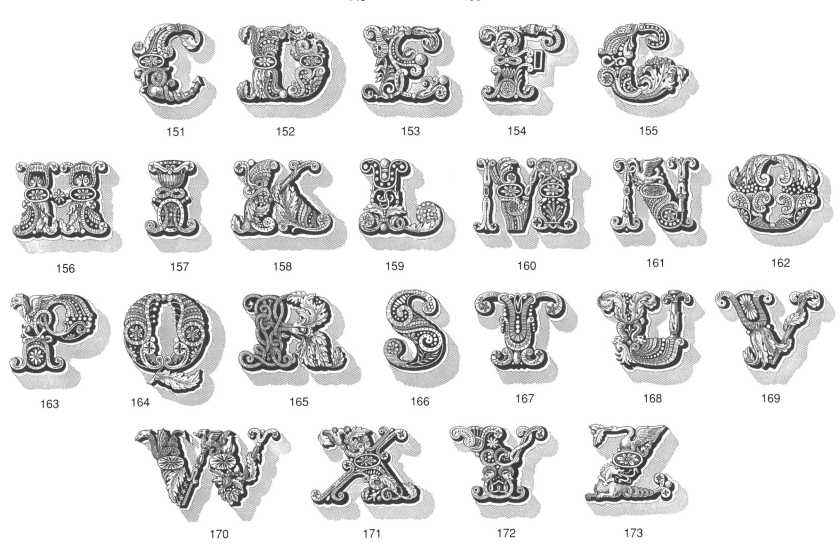

151   152   153   154   155

156   157   158   159   160   161   162

163   164   165   166   167   168   169

170   171   172   173

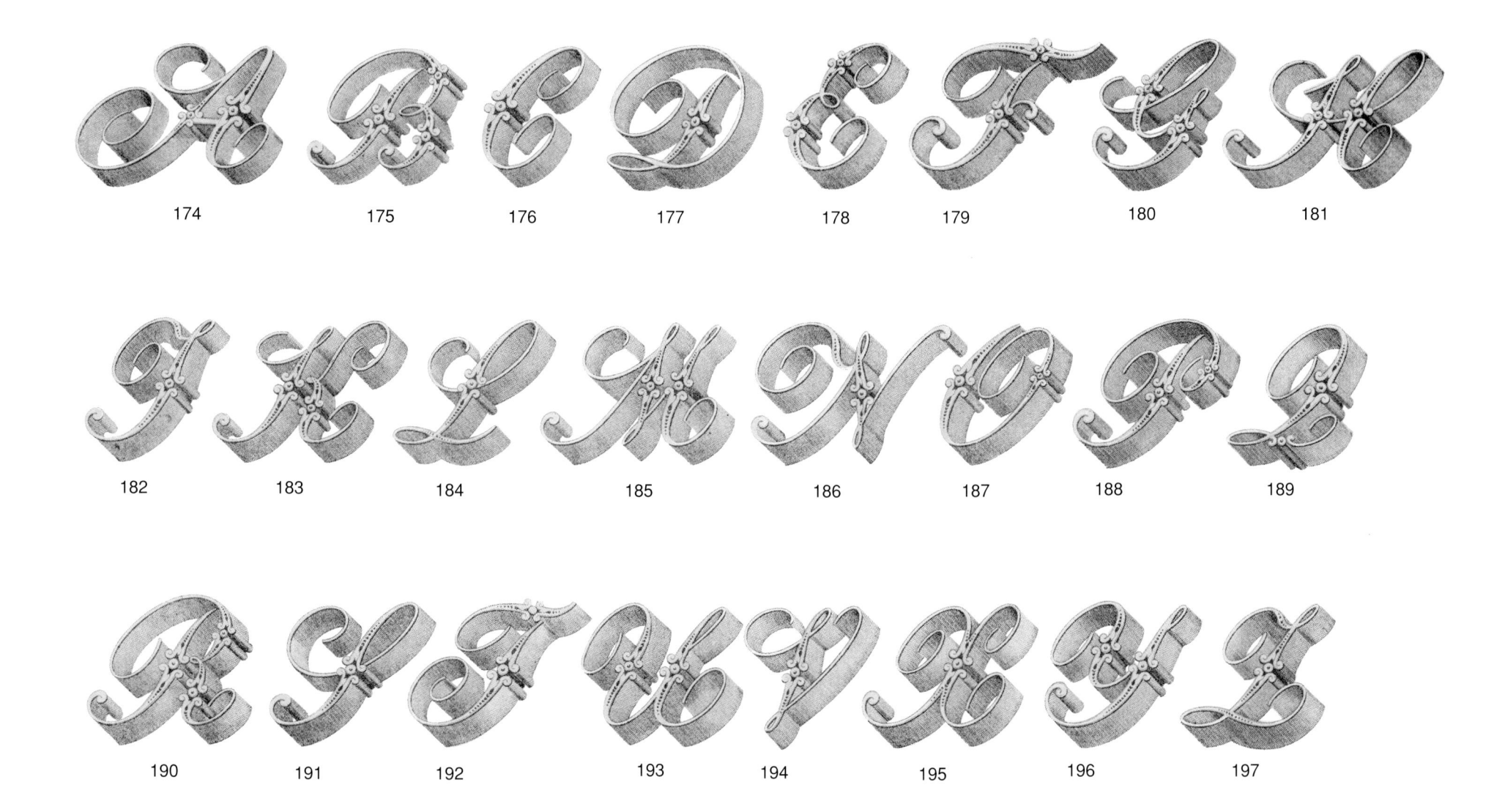

174 175 176 177 178 179 180 181

182 183 184 185 186 187 188 189

190 191 192 193 194 195 196 197

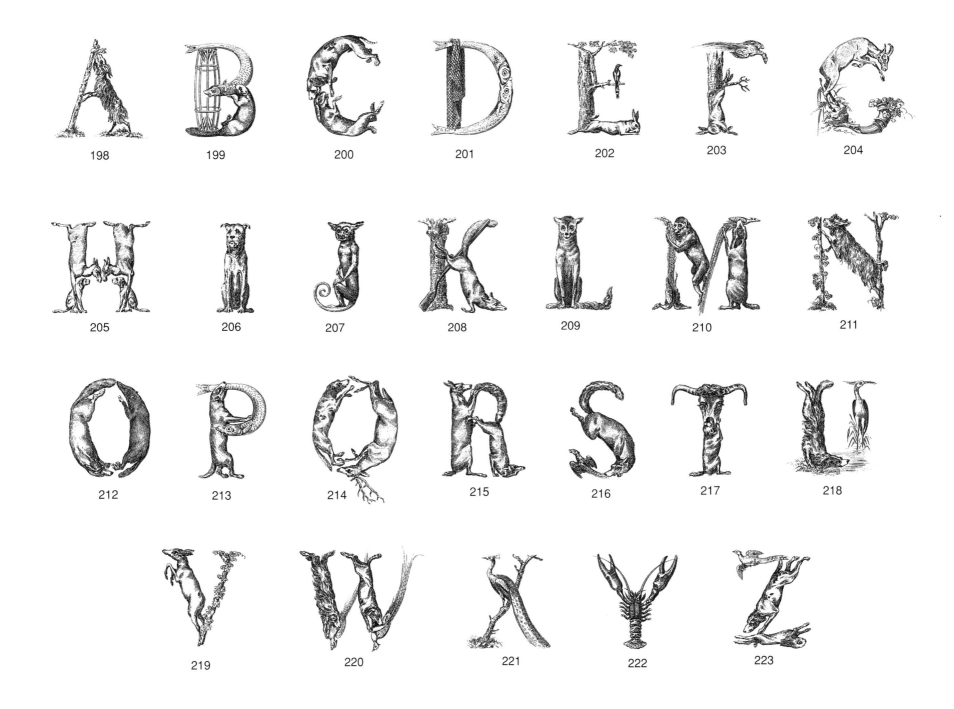

198   199   200   201   202   203   204

205   206   207   208   209   210   211

212   213   214   215   216   217   218

219   220   221   222   223

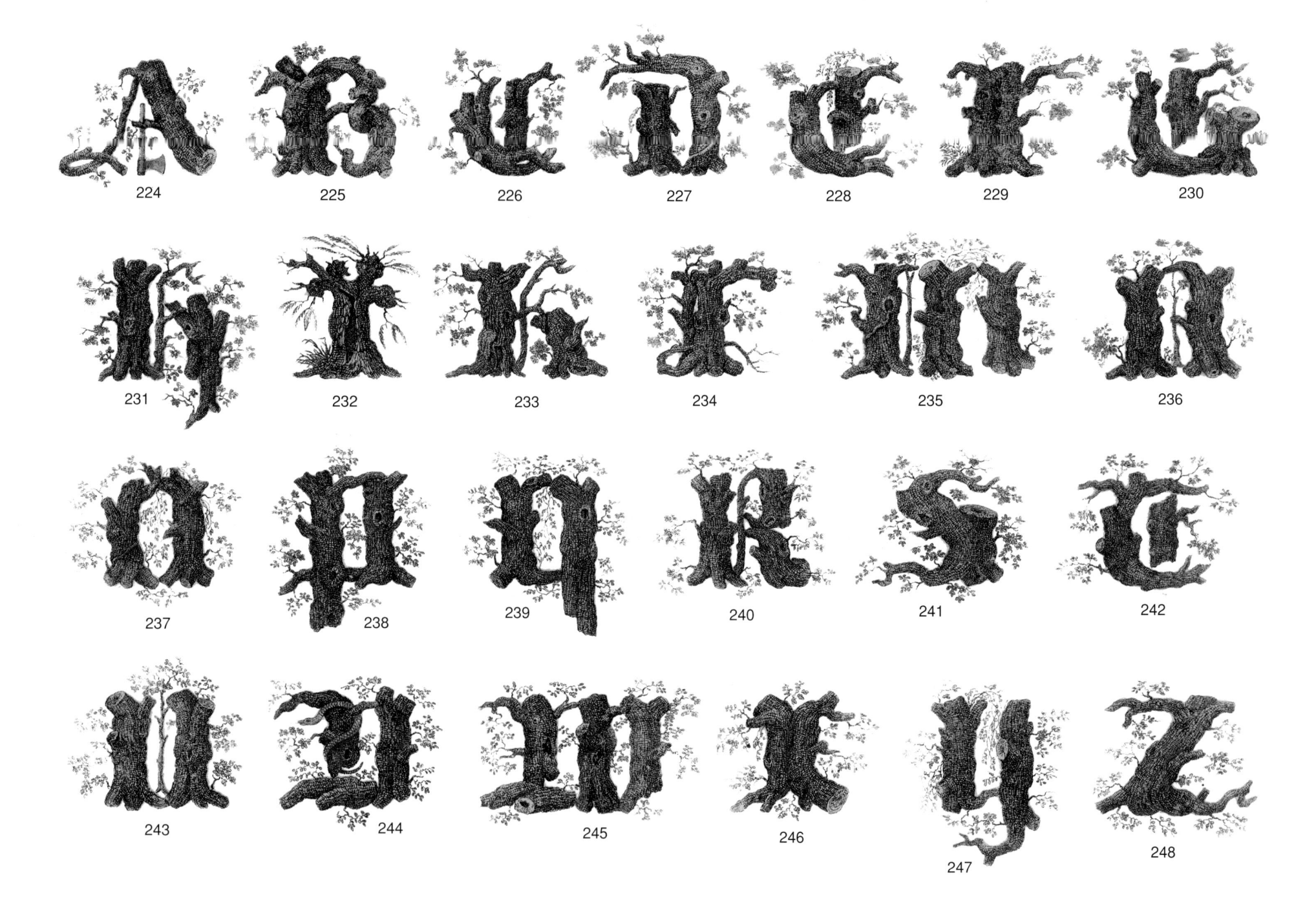

224 225 226 227 228 229 230

231 232 233 234 235 236

237 238 239 240 241 242

243 244 245 246 247 248

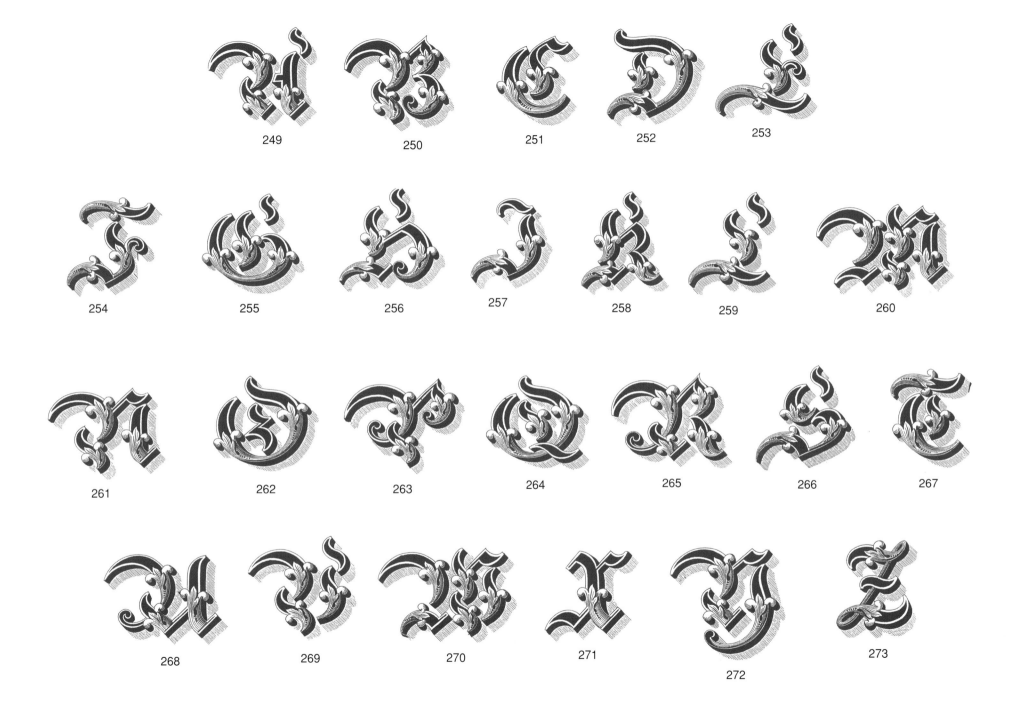

249 250 251 252 253

254 255 256 257 258 259 260

261 262 263 264 265 266 267

268 269 270 271 272 273

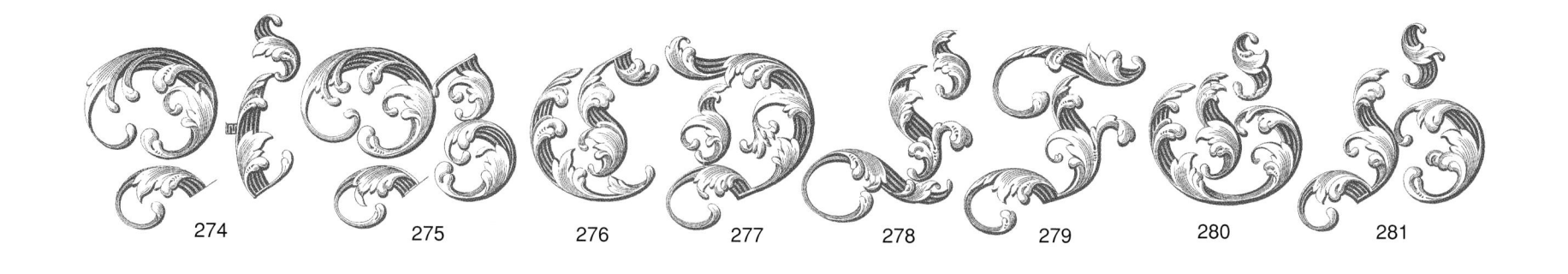

274   275   276   277   278   279   280   281

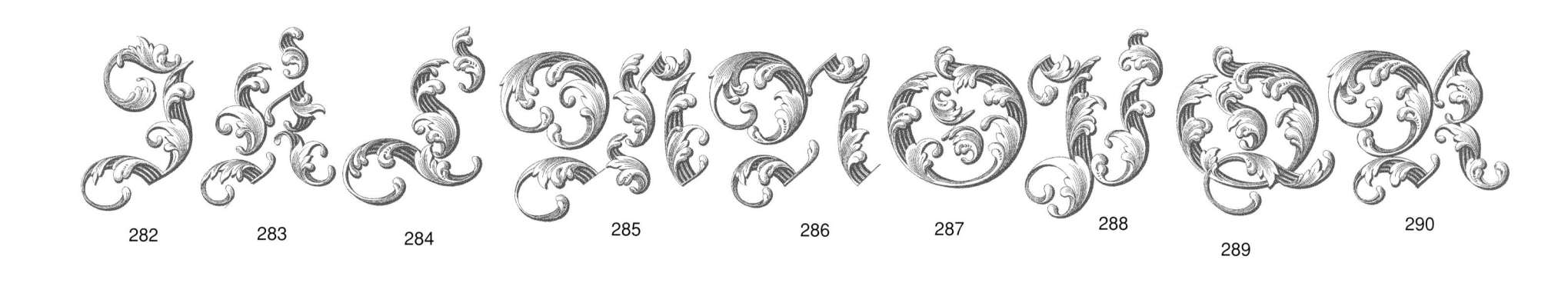

282   283   284   285   286   287   288   290

289

291   292   293   294   295   296   298

297

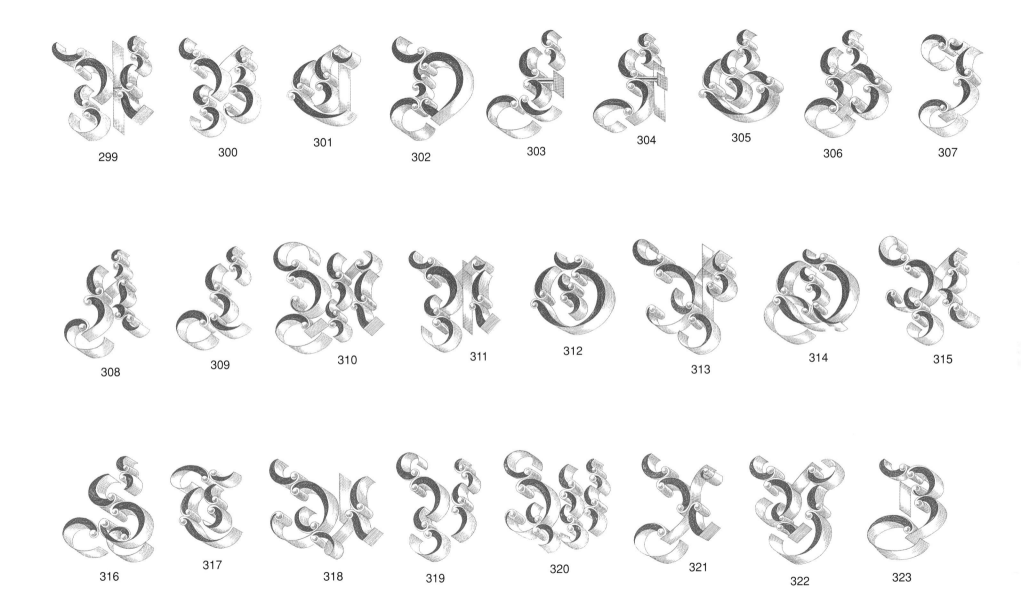

299   300   301   302   303   304   305   306   307

308   309   310   311   312   313   314   315

316   317   318   319   320   321   322   323

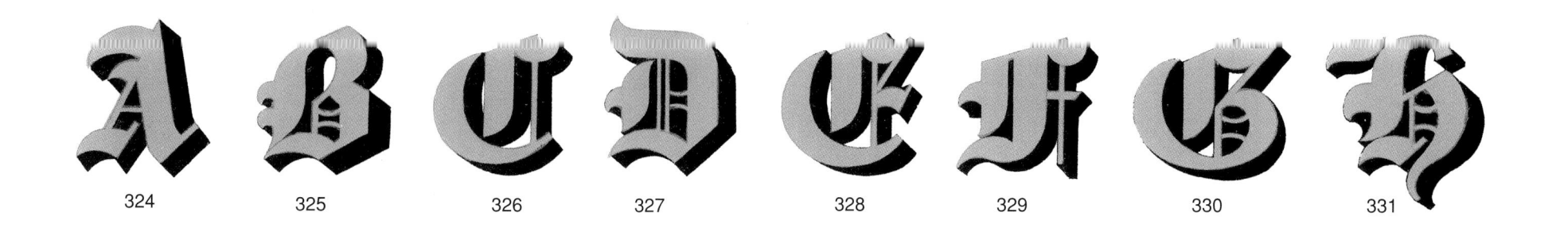

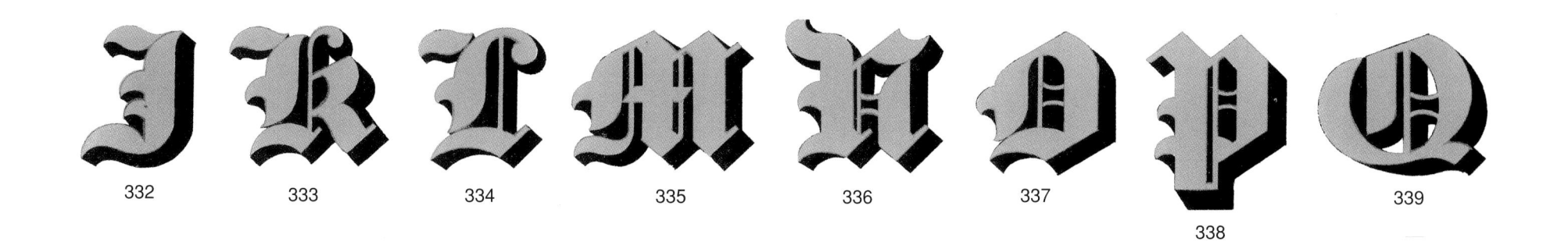

A 324
B 325
C 326
D 327
E 328
F 329
G 330
H 331
J 332
K 333
L 334
M 335
N 336
O 337
P 338
Q 339
R 340
S 341
T 342
U 343
V 344
W 345
X 346
Y 347
Z 348

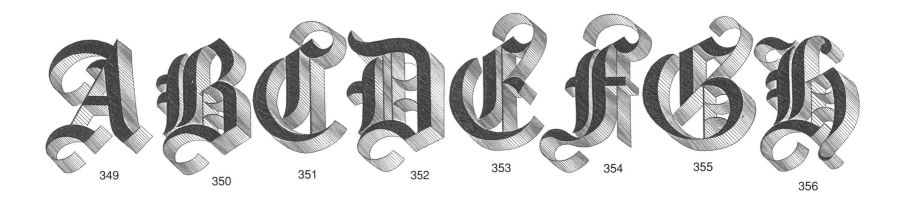

349 350 351 352 353 354 355 356

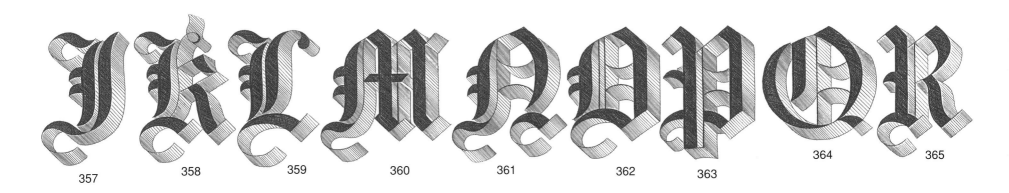

357 358 359 360 361 362 363 364 365

366 367 368 369 370 371 372 373

374 375 376 377 378 379

380 381 382 383 384 385

386 387 388 389 390 391

392 393 394 395 396 397

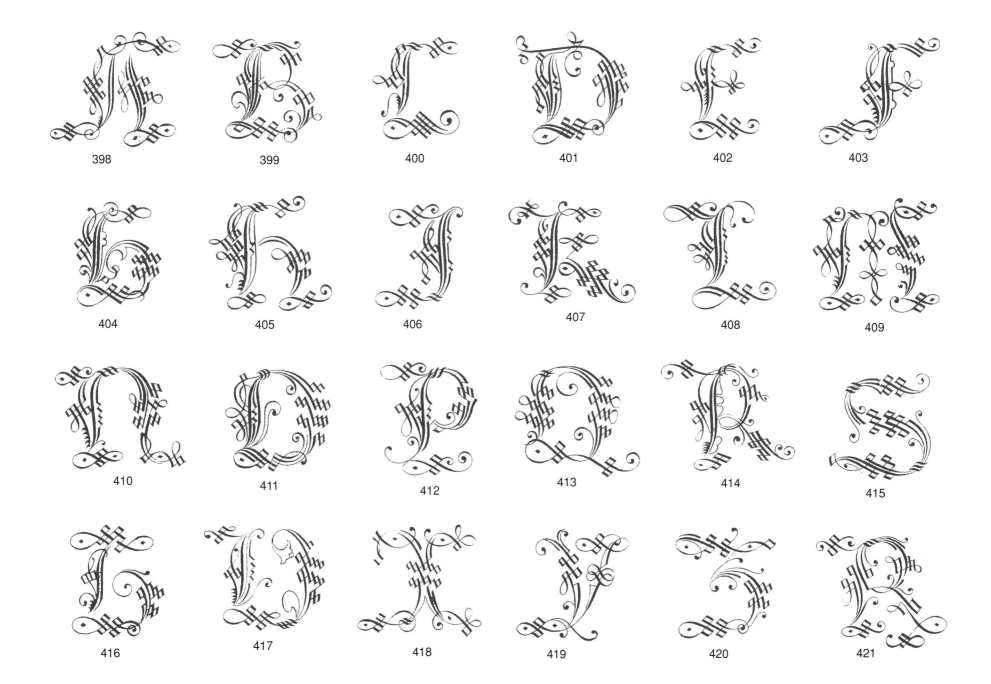

398   399   400   401   402   403

404   405   406   407   408   409

410   411   412   413   414   415

416   417   418   419   420   421

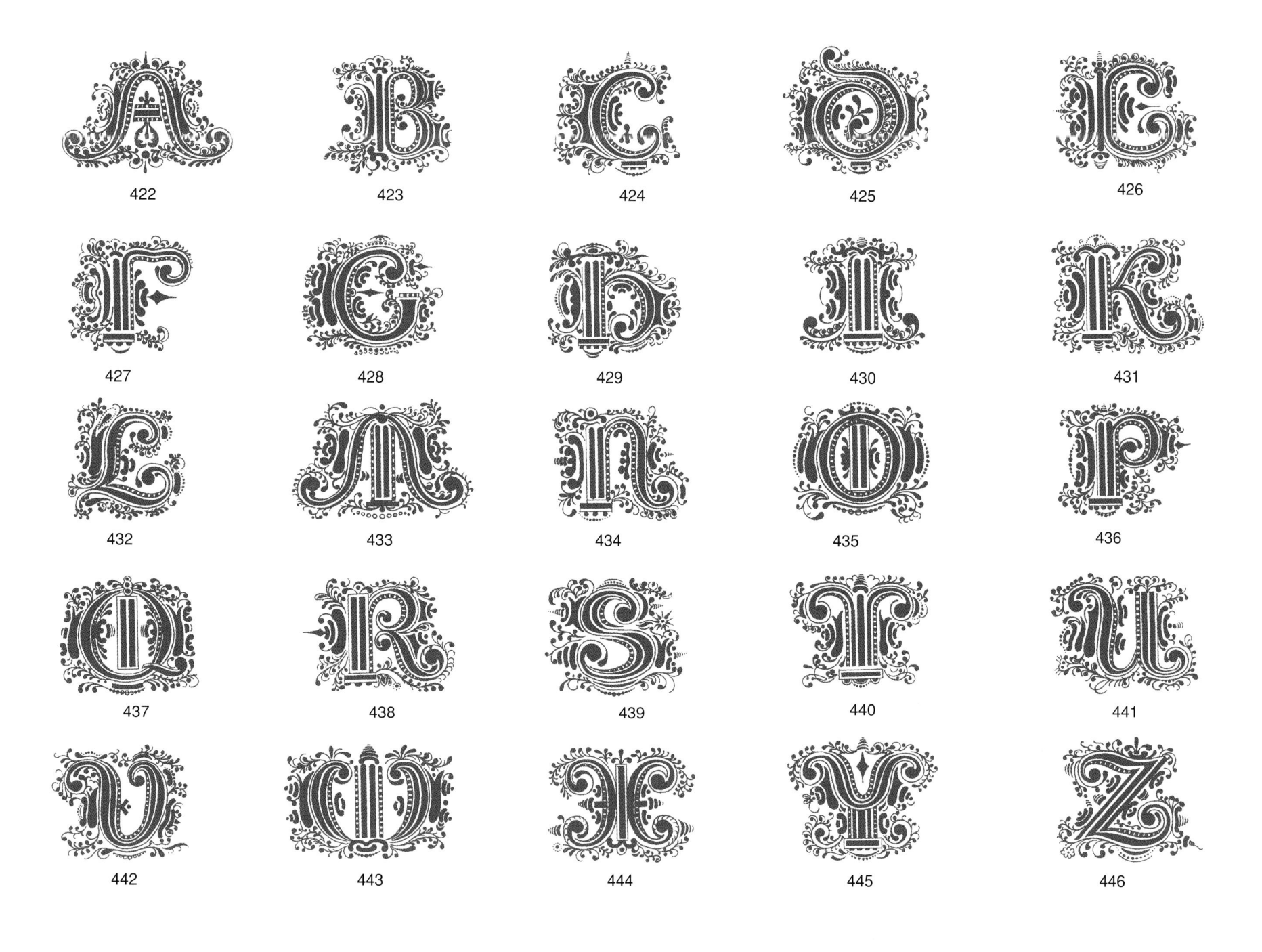

422   423   424   425   426

427   428   429   430   431

432   433   434   435   436

437   438   439   440   441

442   443   444   445   446

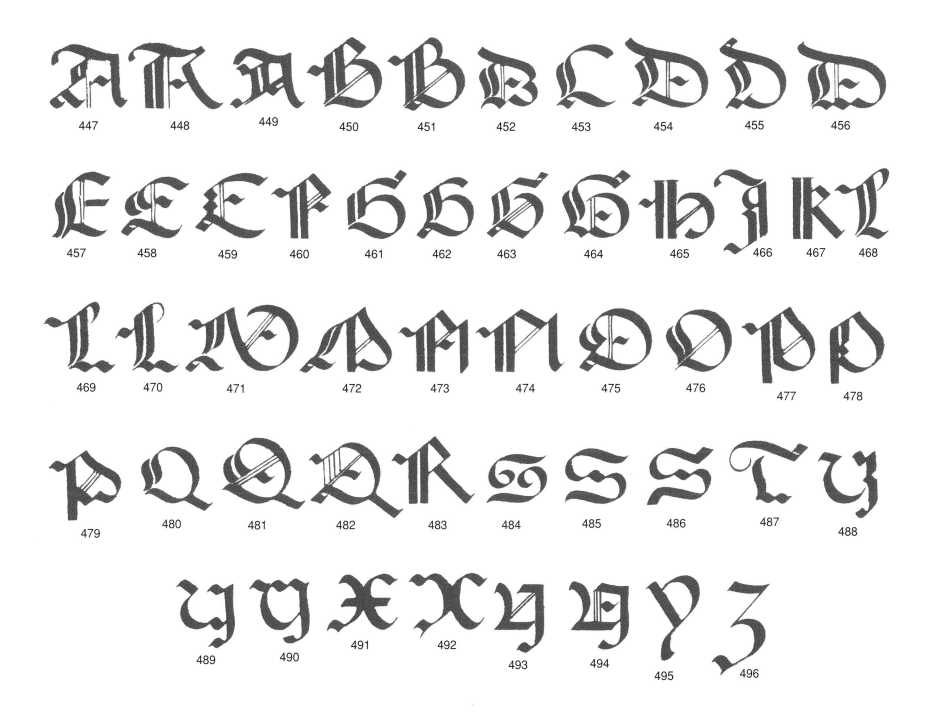

447 448 449 450 451 452 453 454 455 456

457 458 459 460 461 462 463 464 465 466 467 468

469 470 471 472 473 474 475 476 477 478

479 480 481 482 483 484 485 486 487 488

489 490 491 492 493 494 495 496

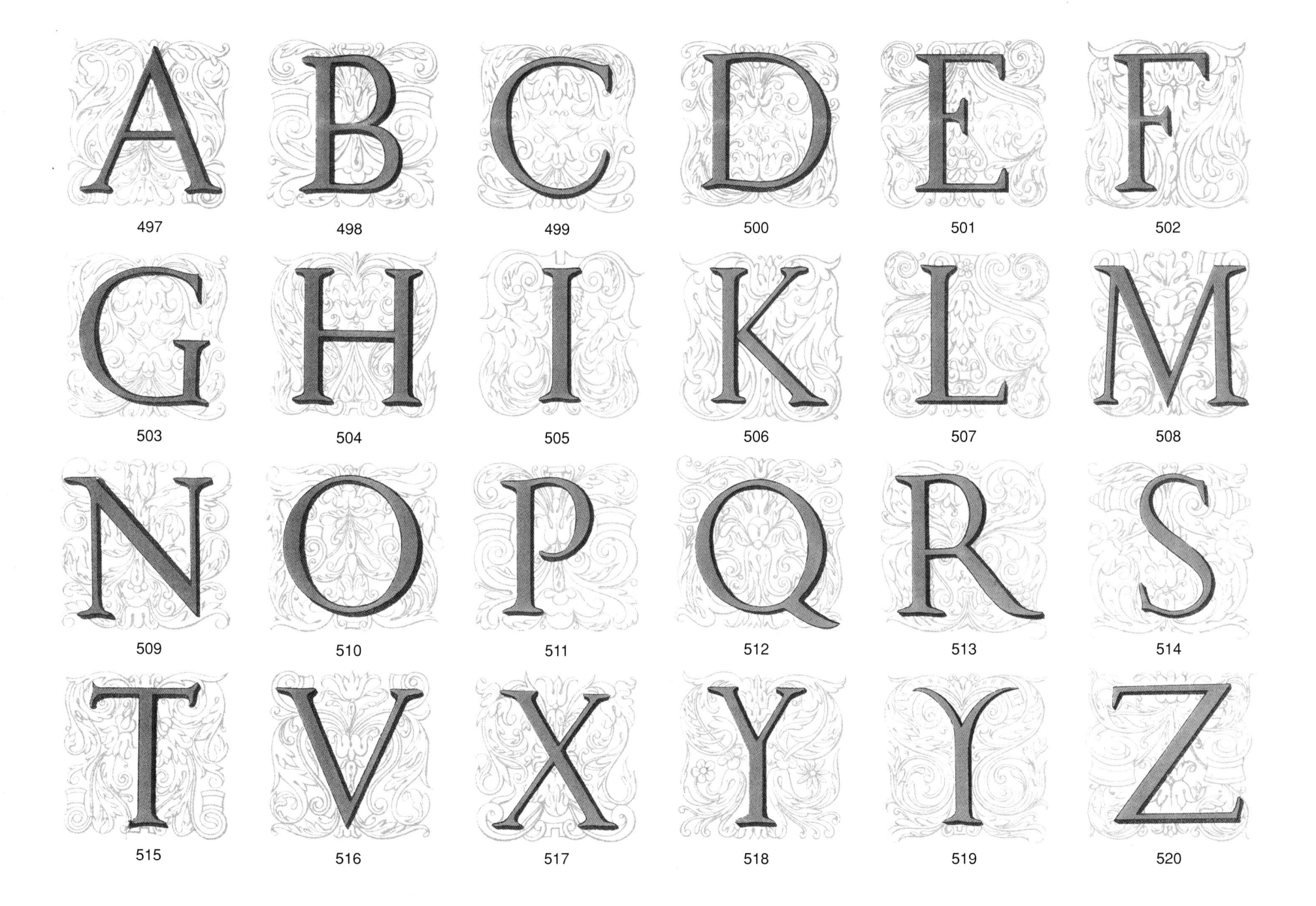

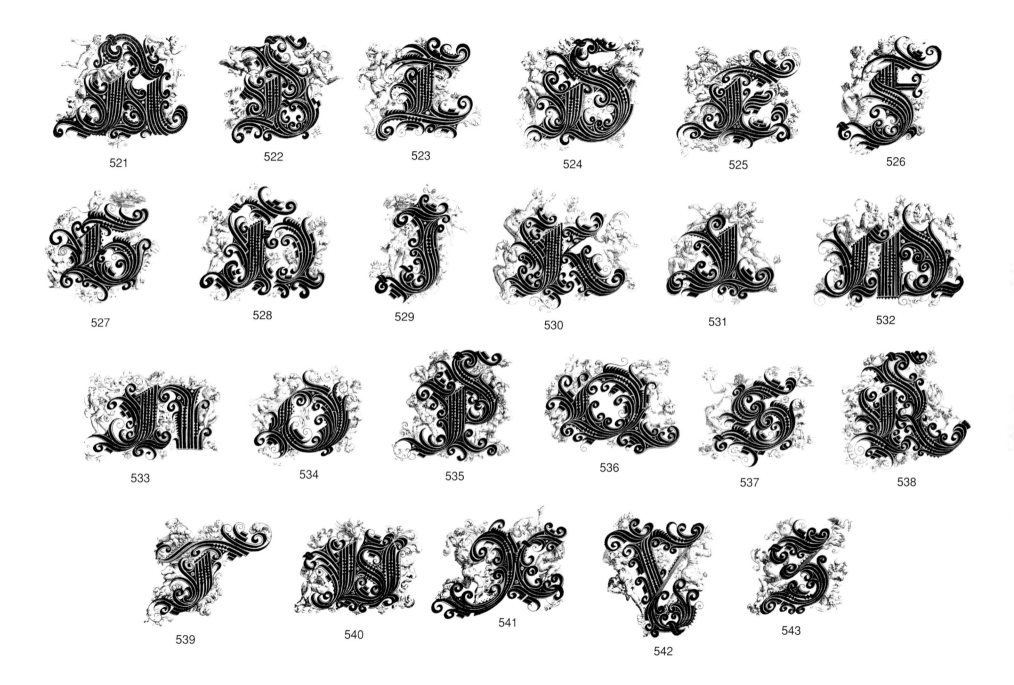

521

522

523

524

525

526

527

528

529

530

531

532

533

534

535

536

537

538

539

540

541

542

543

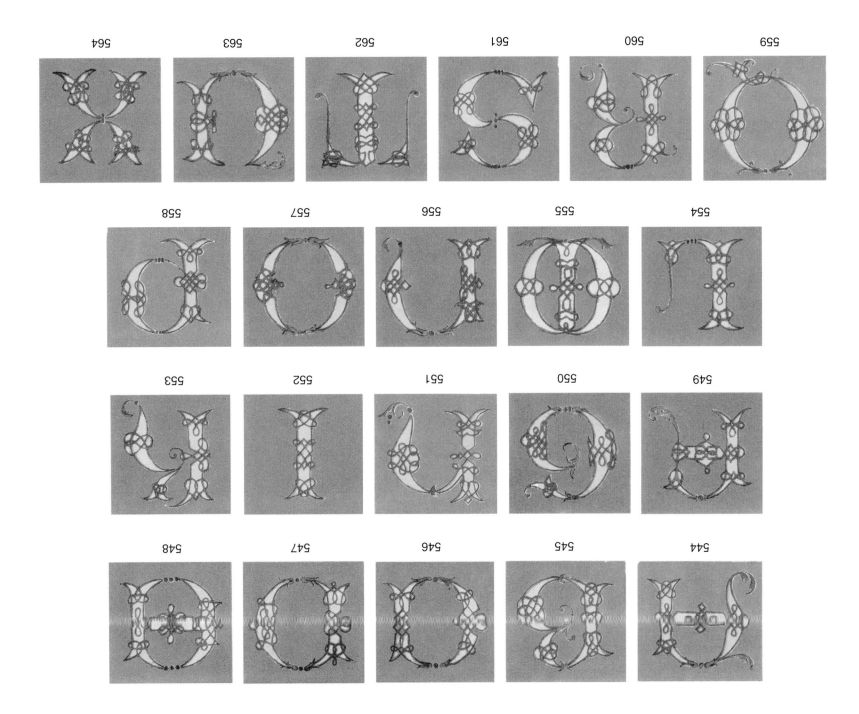

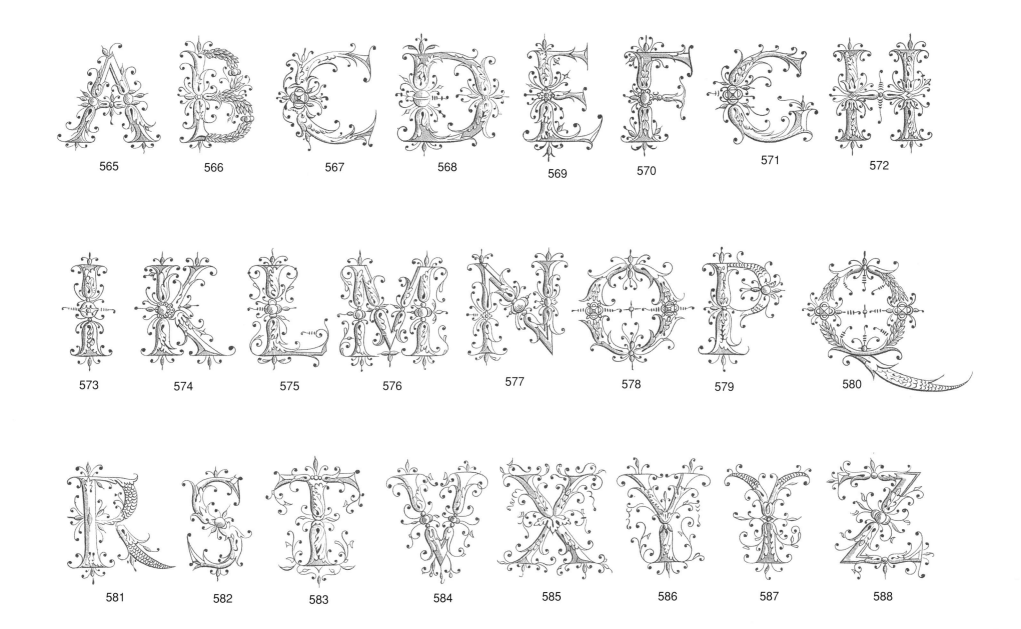

565   566   567   568   569   570   571   572

573   574   575   576   577   578   579   580

581   582   583   584   585   586   587   588

589   590   591   592   593   594   595   596   597   598   599   600

601   602   603   604   605   606   607   608   609   610   611   612

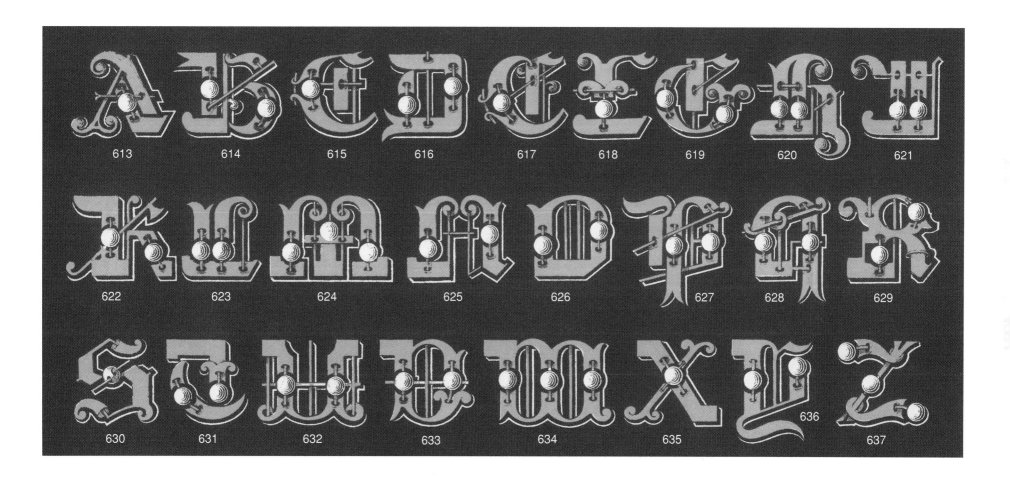

613   614   615   616   617   618   619   620   621

622   623   624   625   626   627   628   629

630   631   632   633   634   635   636   637

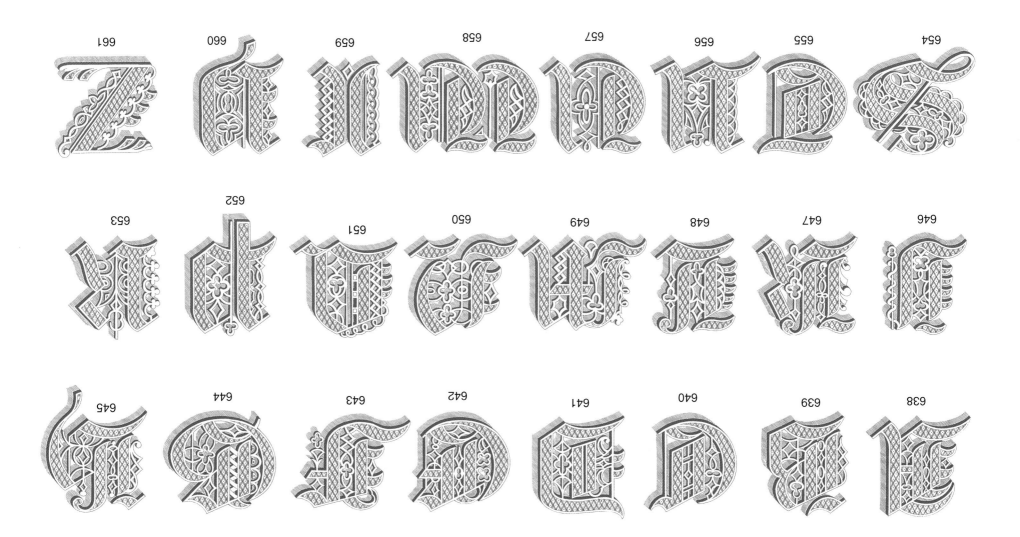

662   663   664   665   666   667

668   669   670   671   672   673   674

675   676   677   678   679   680   681

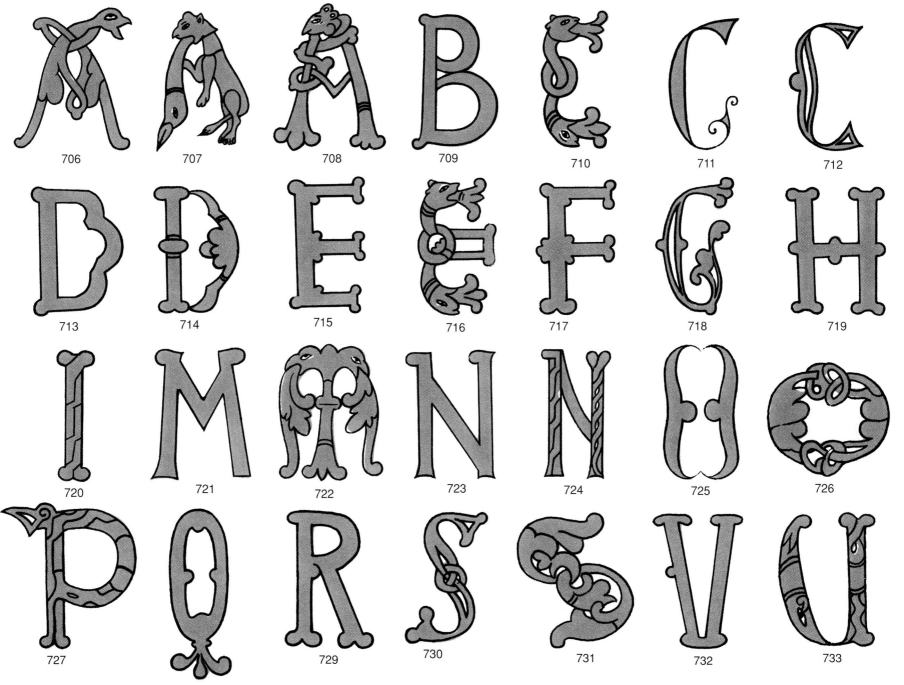

706   707   708   709   710   711   712

713   714   715   716   717   718   719

720   721   722   723   724   725   726

727   728   729   730   731   732   733

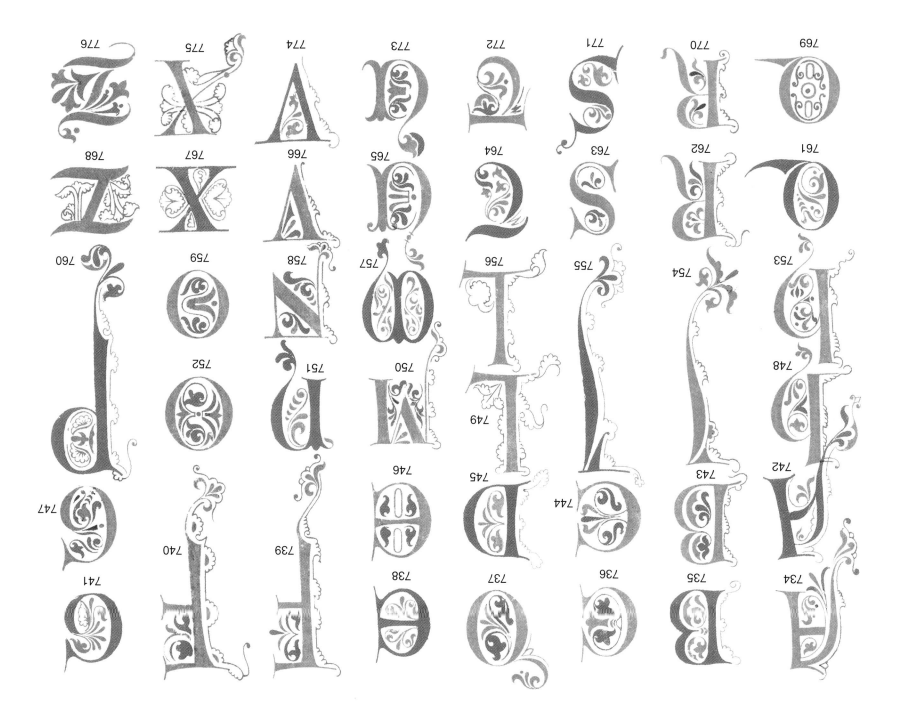

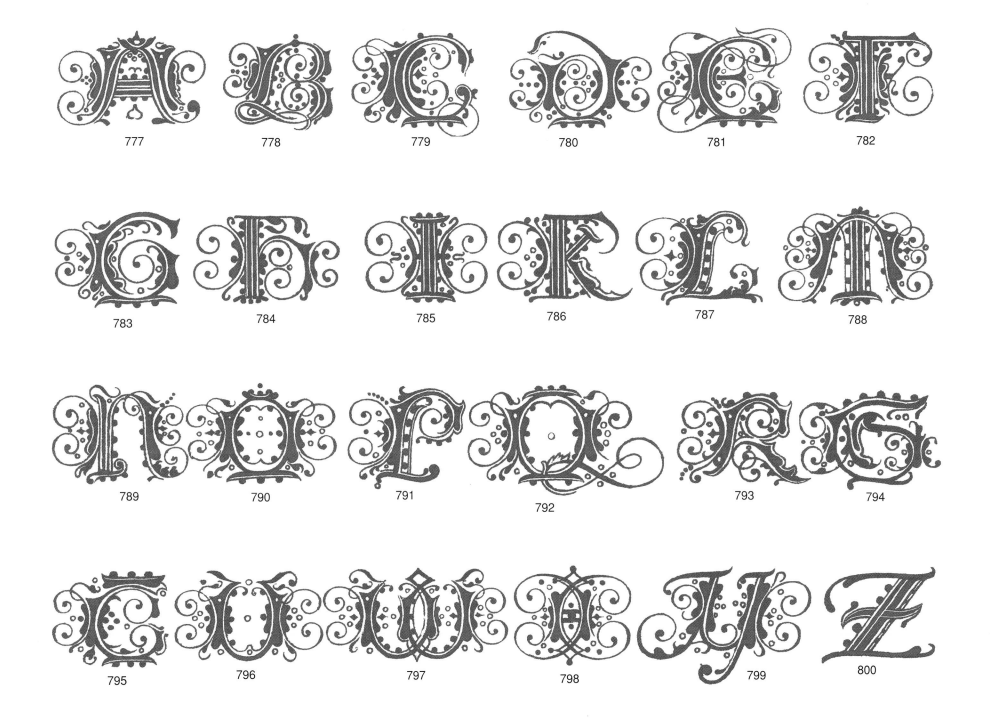

777 778 779 780 781 782

783 784 785 786 787 788

789 790 791 792 793 794

795 796 797 798 799 800

801 802 803 804 805 806 807

808 809 810 811 812 813 814

815 816 817 818 819 820 821

822 823 824 825 826 827 828

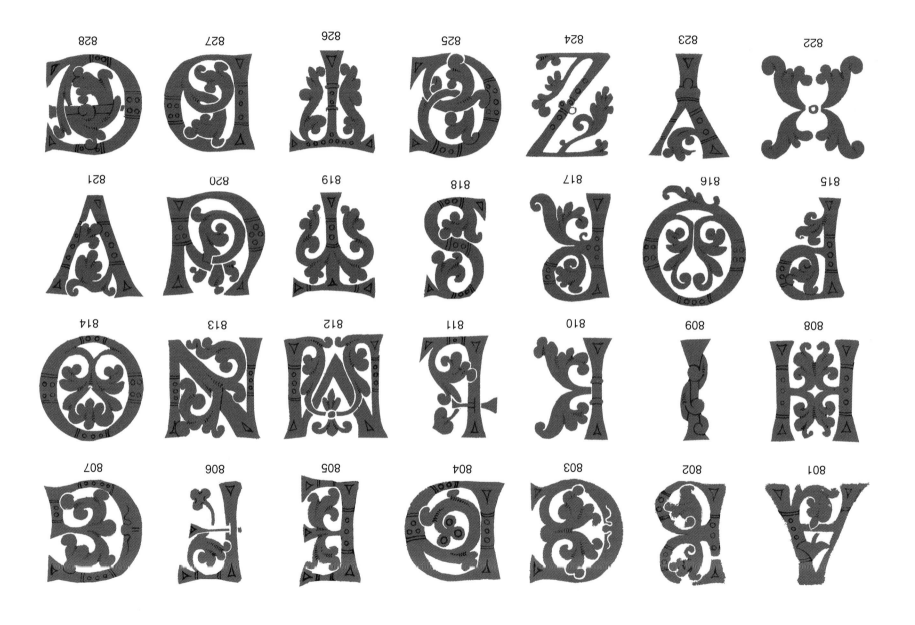

829   830   831   832   833   834

835   836   837   838   839   840

841   842   843   844   845   846

847   848   849   850   851

852

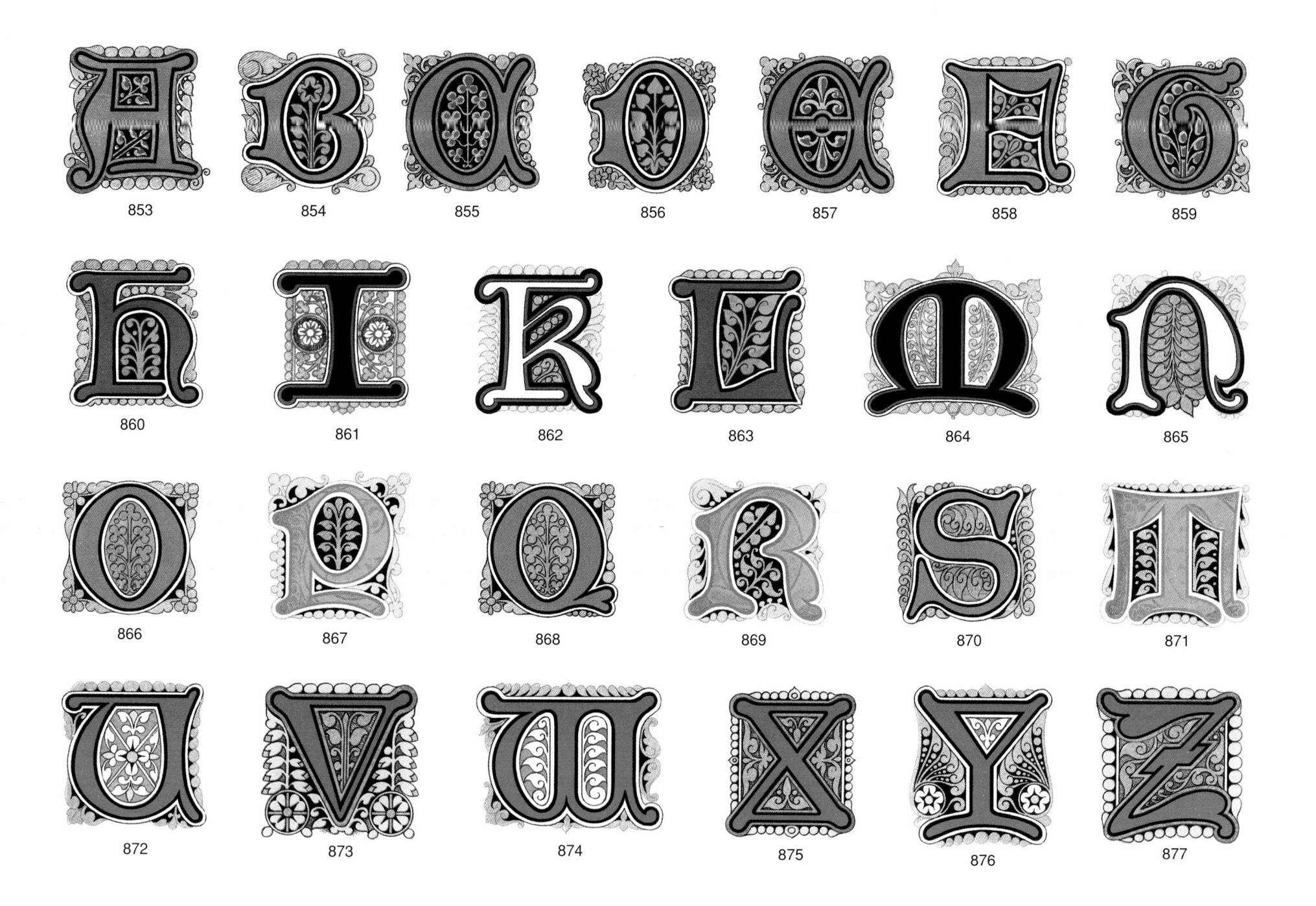

853   854   855   856   857   858   859

860   861   862   863   864   865

866   867   868   869   870   871

872   873   874   875   876   877

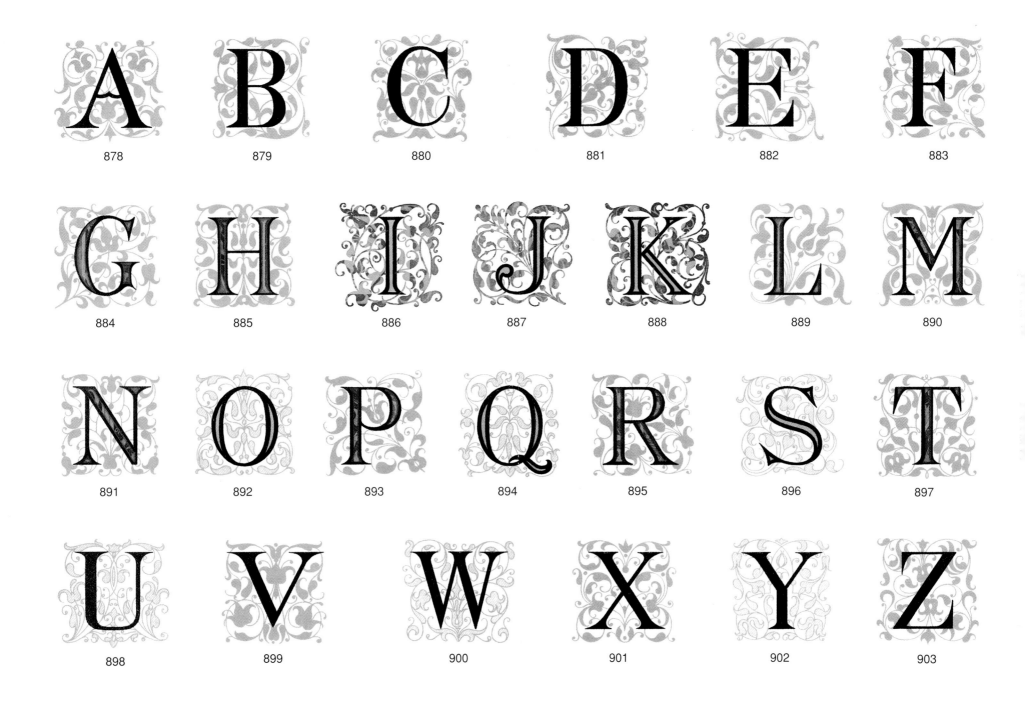

878   879   880   881   882   883

884   885   886   887   888   889   890

891   892   893   894   895   896   897

898   899   900   901   902   903

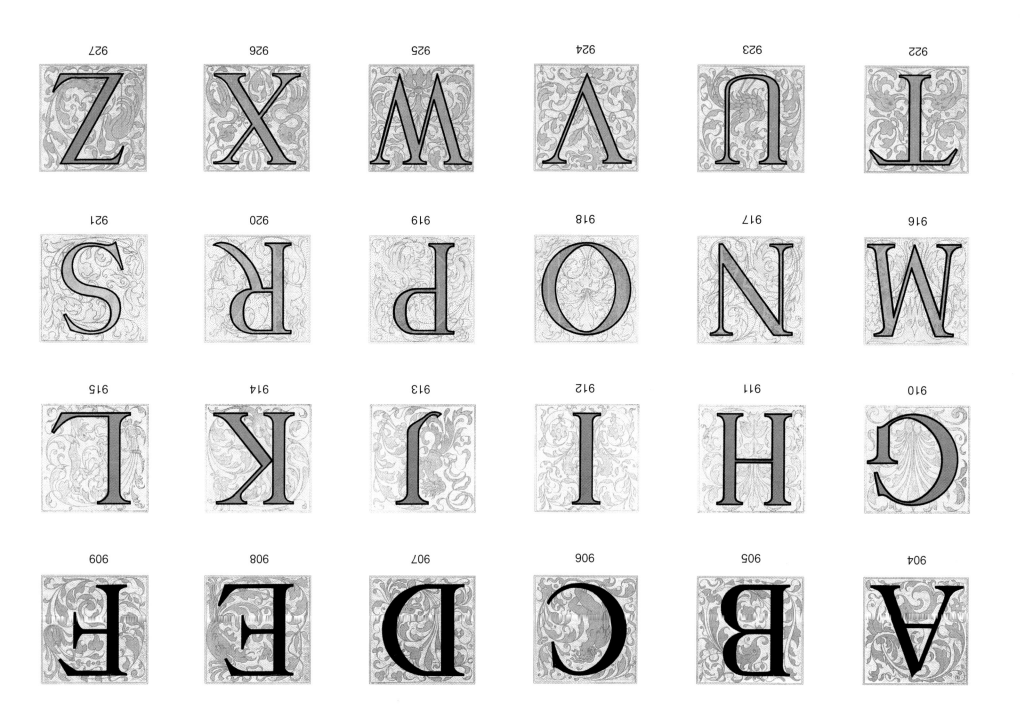

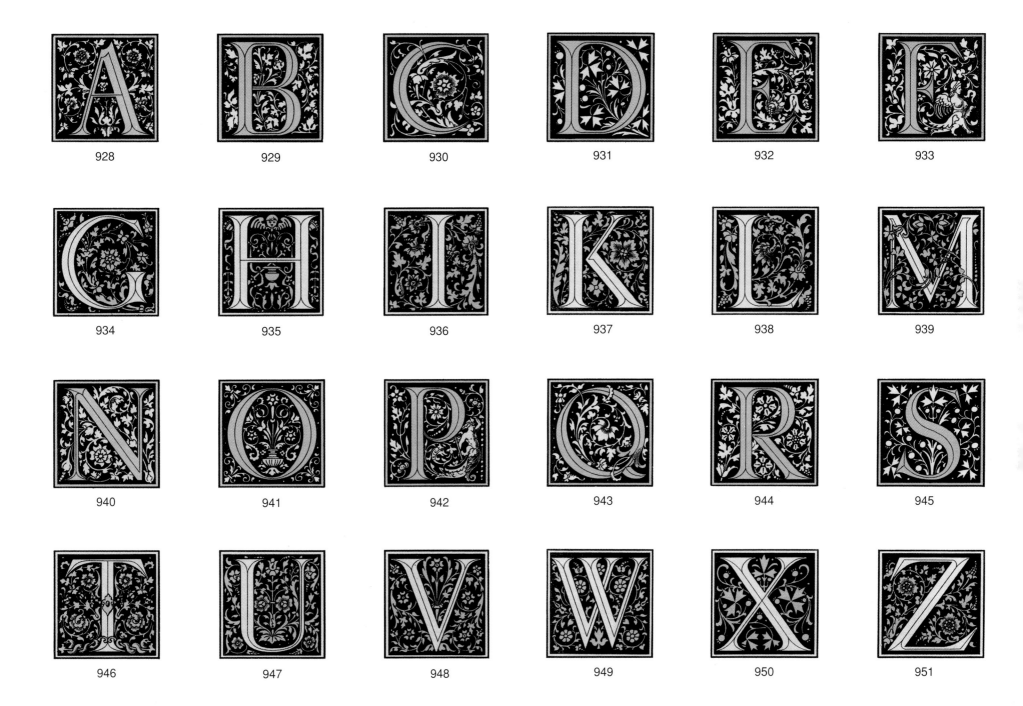

928   929   930   931   932   933

934   935   936   937   938   939

940   941   942   943   944   945

946   947   948   949   950   951

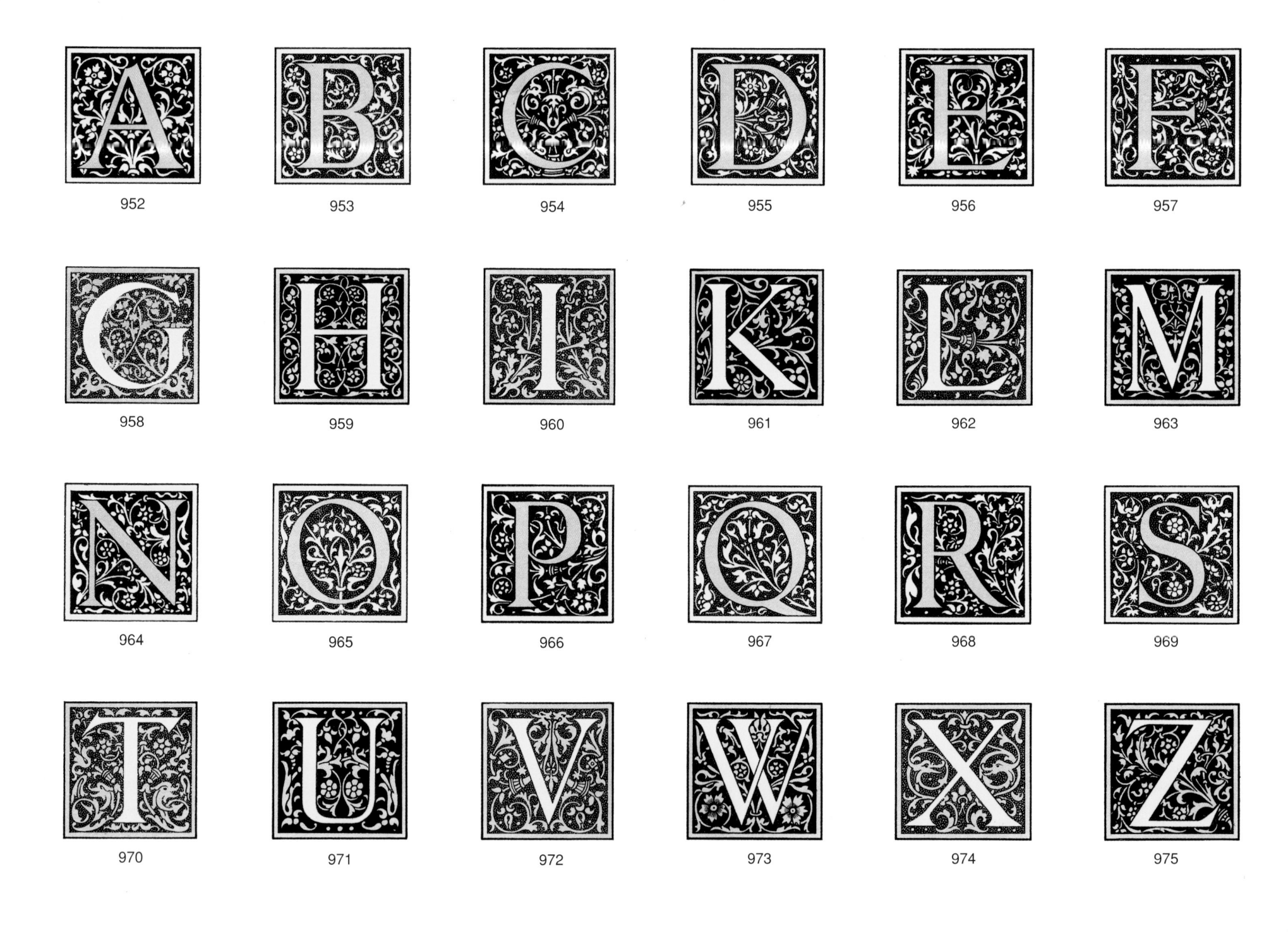

952 953 954 955 956 957
958 959 960 961 962 963
964 965 966 967 968 969
970 971 972 973 974 975

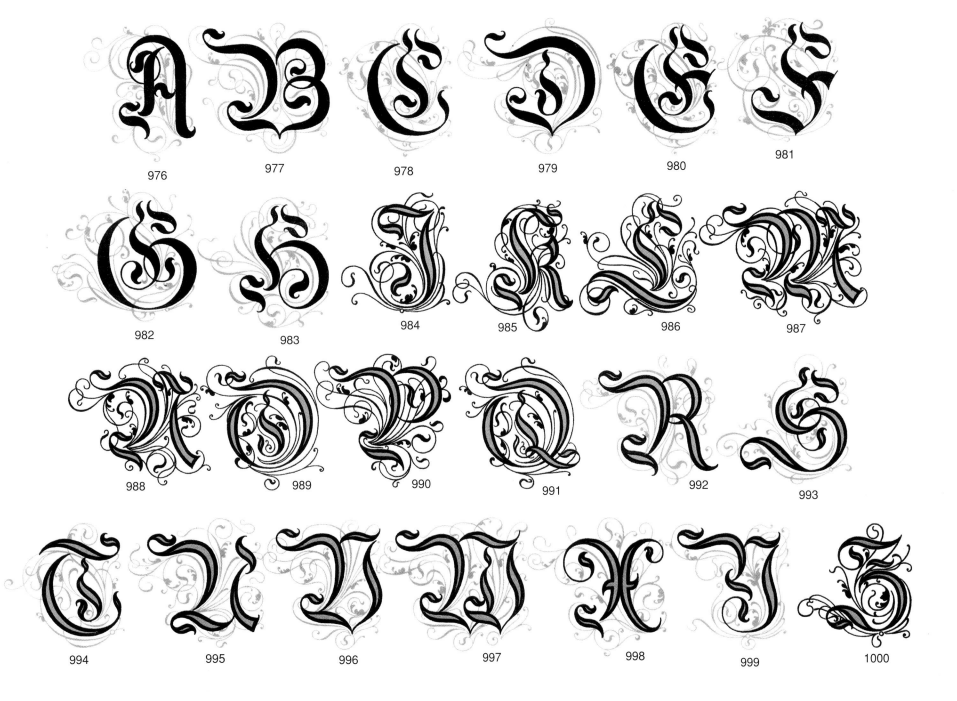

976   977   978   979   980   981

982   983   984   985   986   987

988   989   990   991   992   993

994   995   996   997   998   999   1000

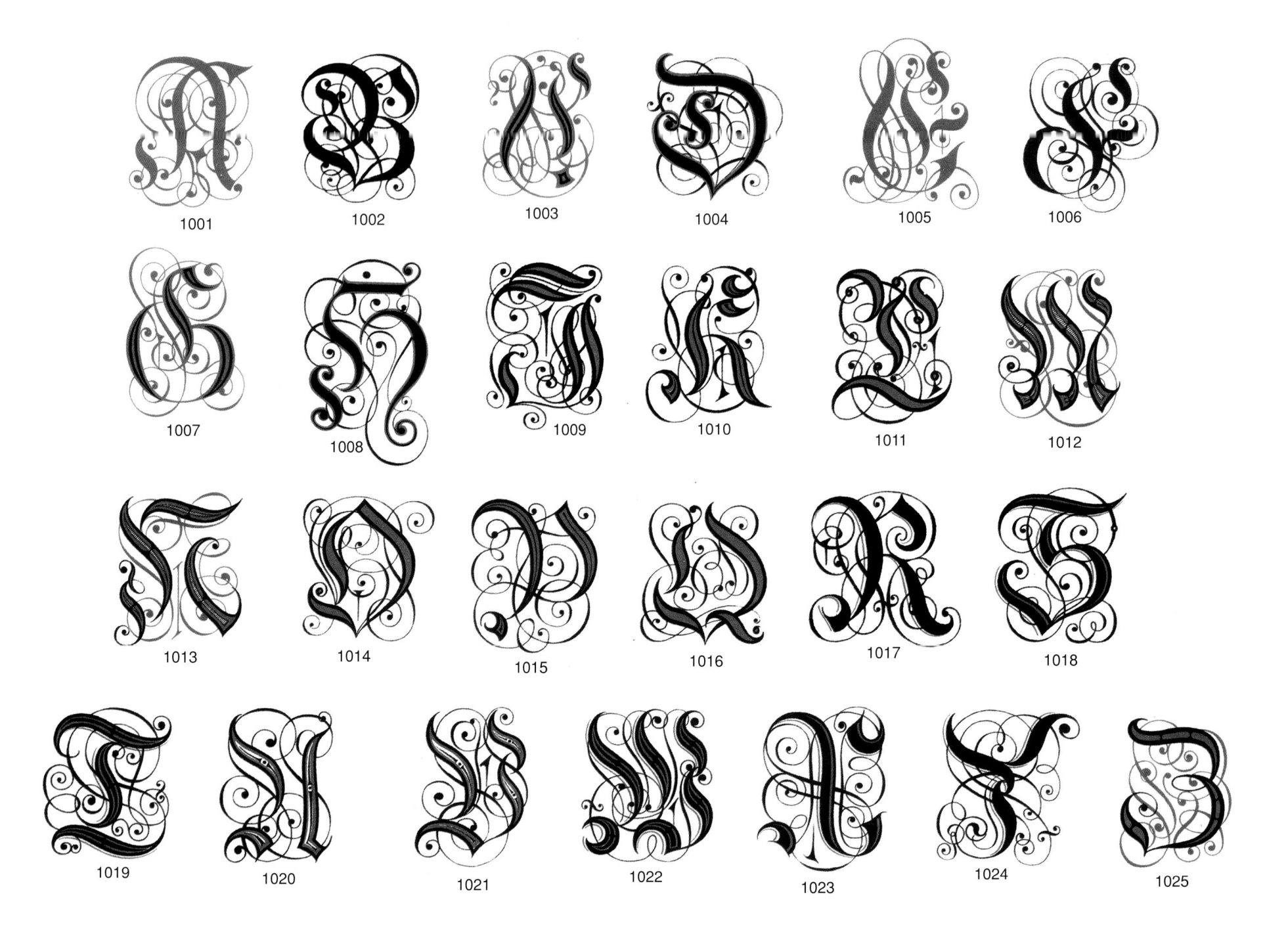

1001   1002   1003   1004   1005   1006

1007   1008   1009   1010   1011   1012

1013   1014   1015   1016   1017   1018

1019   1020   1021   1022   1023   1024   1025

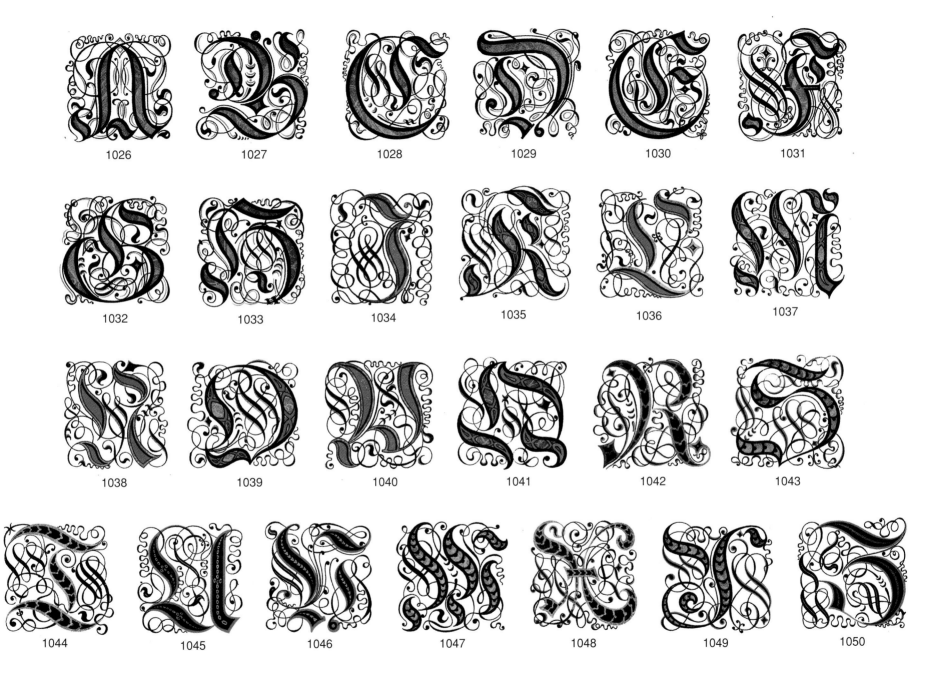

1026 1027 1028 1029 1030 1031
1032 1033 1034 1035 1036 1037
1038 1039 1040 1041 1042 1043
1044 1045 1046 1047 1048 1049 1050

1051  1052  1053  1054  1055  1056  1057  1058  1059  1060

1061  1062  1063  1064  1065  1066  1067  1068  1069  1070

1071 1072 1073 1074 1075 1076

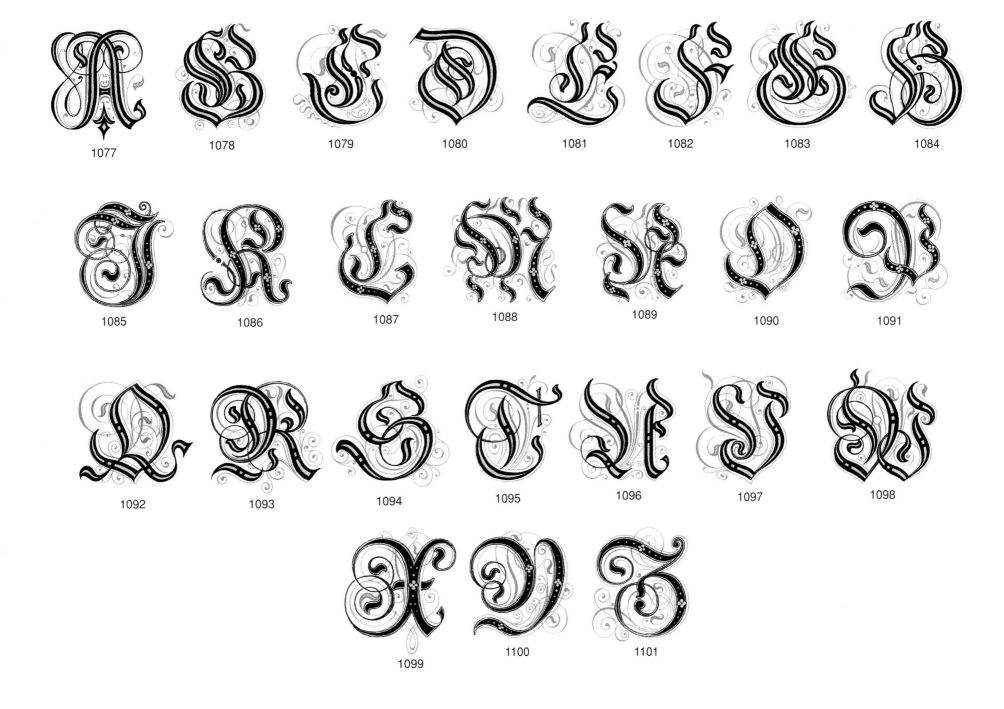

1077   1078   1079   1080   1081   1082   1083   1084

1085   1086   1087   1088   1089   1090   1091

1092   1093   1094   1095   1096   1097   1098

1099   1100   1101

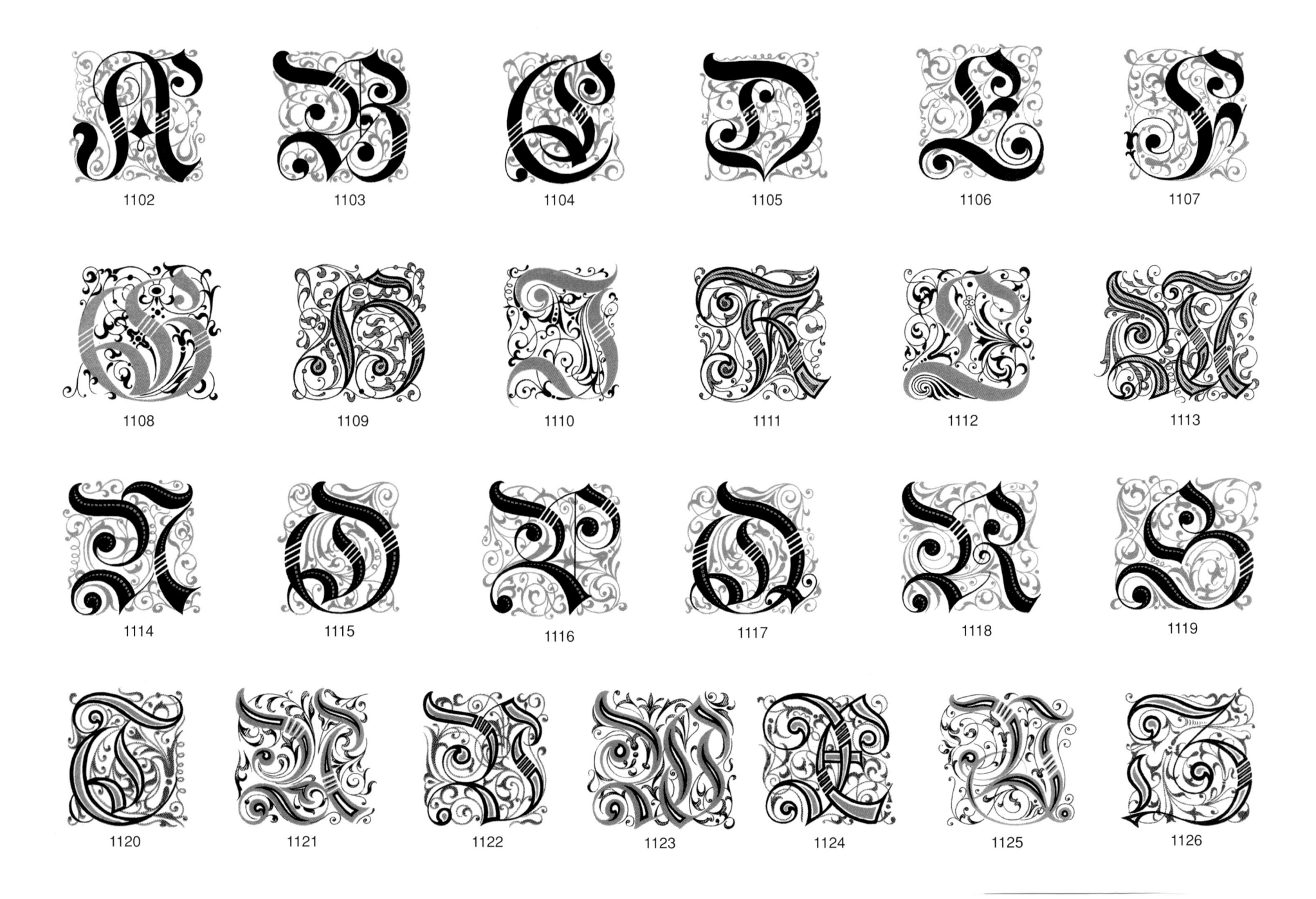

1102 1103 1104 1105 1106 1107

1108 1109 1110 1111 1112 1113

1114 1115 1116 1117 1118 1119

1120 1121 1122 1123 1124 1125 1126

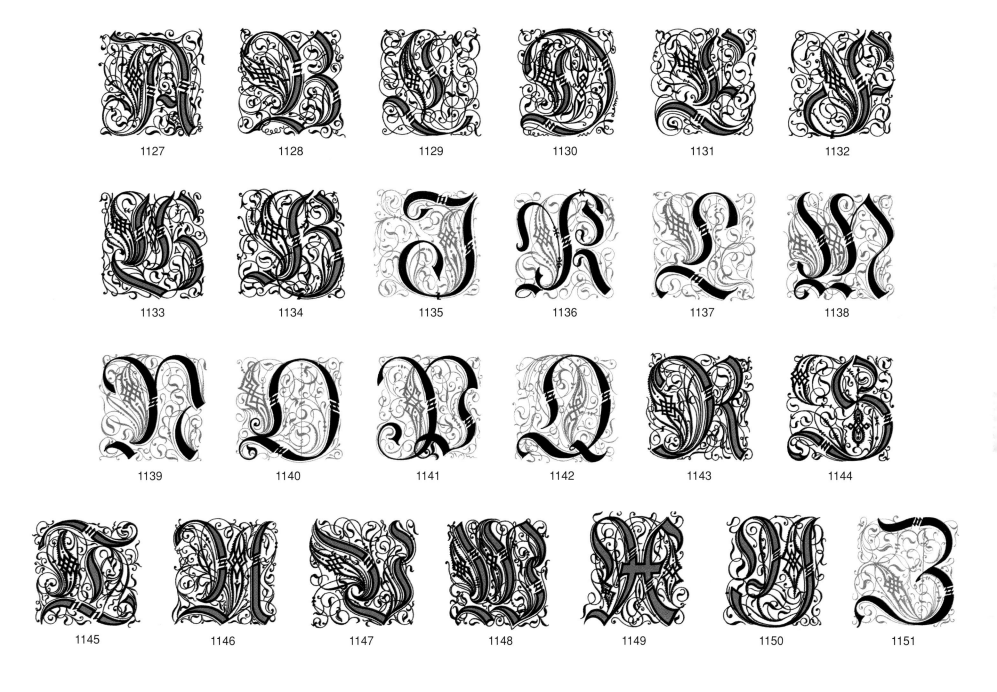

1127   1128   1129   1130   1131   1132

1133   1134   1135   1136   1137   1138

1139   1140   1141   1142   1143   1144

1145   1146   1147   1148   1149   1150   1151

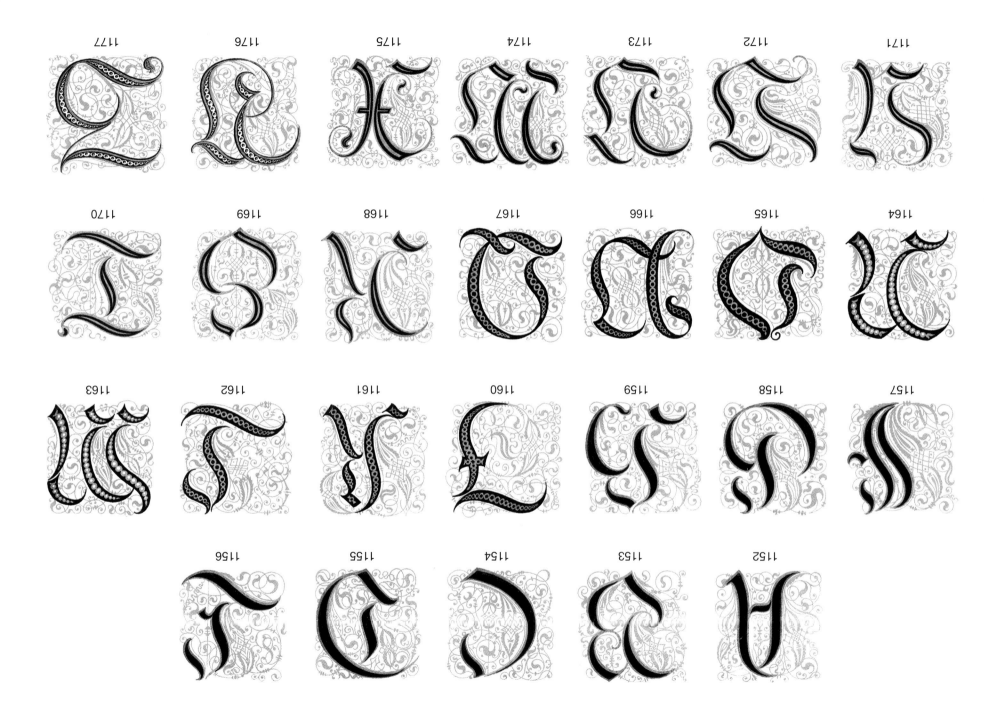

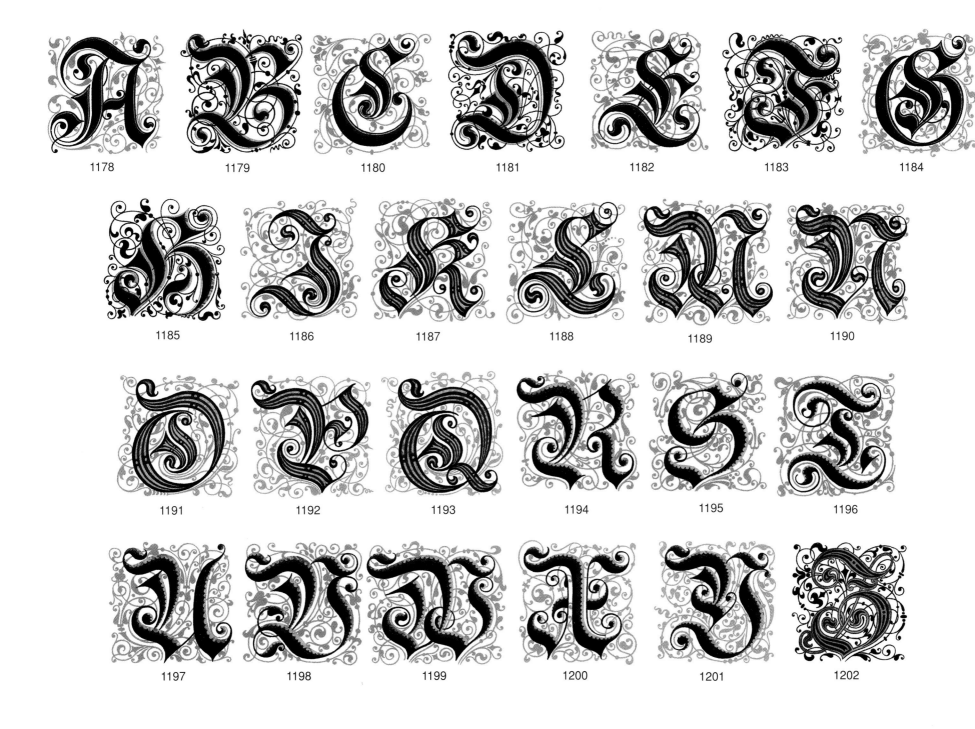

1178 1179 1180 1181 1182 1183 1184

1185 1186 1187 1188 1189 1190

1191 1192 1193 1194 1195 1196

1197 1198 1199 1200 1201 1202

1203   1204   1205   1206   1207   1208   1209   1210

1211   1212   1213   1214   1215   1216   1217   1218

1219    1220    1221    1222    1223    1224    1225    1226    1227